ROBA COMO UN ARTISTA

LAS 10 COSAS QUE NADIE TE HA DICHO ACERCA DE SER CREATIVO

AUSTIN KLEON

Título original: *Steal like an artist*
Copyright © 2012, Austin Kleon
Publicado originalmente por Workman Publishing Company

De esta edición:
D. R. © Santillana Ediciones Generales, S.A. de C.V., 2012.
Av. Río Mixcoac 274, Col. Acacias.
México, 03240, D.F. Teléfono (55) 54 20 75 30
www.librosaguilar.com/mx

Primera edición: octubre de 2012.

ISBN: 978-607-11-2085-4
Traducción al español: Alejandra Ramos, 2012
Diseño de interiores y cubierta: Lidija Tomas y Austin Kleon
Adaptación de interiores: M. Patrcia Reyes

Impreso en México

Para Boom,

cuando sea que Boom llegue.

"El arte es robo."

—Pablo Picasso

"Los poetas inmaduros imitan;
los poetas maduros roban;
los poetas malos desfiguran
lo que toman y los buenos lo
transforman en algo mejor,
o por lo menos diferente.
Un buen poeta convierte su
robo en un sentimiento único,
completamente diferente de
aquel que fue arrancado."

—*T. S. Eliot*

A MI YO DE 19 AÑOS
LE CAERÍAN BIEN
ALGUNOS CONSEJOS...

TODOS LOS CONSEJOS SON AUTOBIOGRÁFICOS

Una de mis teorías es que cuando la gente te da consejos, en realidad sólo está hablando con su yo del pasado.
Este libro soy yo, hablándole a una versión más joven de mí mismo.

Todo lo que está aquí son cosas que he aprendido en casi una década de intentar descifrar cómo hacer arte. Pero algo curioso pasó cuando empecé a compartir mis pensamientos con los demás: me di cuenta de que ésto no sólo sirve para los artistas. Es para todos.

Las ideas aplican para cualquiera que trate de inyectar creatividad en su vida y en su trabajo. (Eso *debería* describirnos a todos.)

En otras palabras: este libro es para ti.
Seas quien seas y hagas lo que hagas.

Empecemos.

O ROBA
UN

COMO ARTISTA

CÓMO VER EL MUNDO (COMO UN ARTISTA)

A todos los artistas les hacen la pregunta:

"¿De dónde sacas tus ideas?"

La respuesta honesta del artista es:

"Las robo."

¿Cómo ve el mundo un artista?

Primero, tienes que descifrar qué vale la pena robar.

Después, pasas a lo siguiente.

No hay mucho más que hacer.

Cuando ves el mundo de esta forma, te dejas de preocupar de qué está "bien" y qué está "mal": sólo hay cosas que vale la pena robar y cosas que no.

Todo está a la mano. Si hoy no encuentras algo que valga la pena robar, puede que mañana, o en un mes, o en un año le veas algún potencial.

"El único arte que estudiaré serán las cosas de las que pueda robar."

—David Bowie

NADA ES ORIGINAL

El escritor Jonathan Lethem dice que cuando la gente llama a algo "original", nueve de diez veces no tiene idea de las referencias involucradas en la fuente original.

Lo que un buen artista debe entender es que nada viene de la nada. Todo el trabajo creativo surge de lo que ha existido antes. Nada es completamente original.

Hasta está en la Biblia: "No hay nada nuevo bajo el sol." (Eclesiastés 1:9)

Puede que a algunas personas esto les parezca bastante deprimente pero a mí me llena de esperanza. Como dice el escritor francés André Gide: "Todo lo que necesita decirse ya se ha dicho. Pero, como nadie estaba escuchando, todo tiene que decirse de nuevo."

Si nos liberamos de la carga de tratar de ser completamente originales, dejaremos de intentar el hacer las cosas desde cero para asumir nuestras influencias en vez de huir de ellas.

"¿Qué es la originalidad? El plagio no detectado."
—*William Ralph Inge*

LA GENEALOGÍA DE LAS IDEAS

Todas las nuevas ideas son una mezcla de una o más ideas previas.

He aquí un truco que te enseñan en la escuela de arte. Dibuja dos líneas paralelas en una hoja de papel.

¿Cuántas líneas hay?

Está la primera línea, la segunda línea, y una tercera línea de espacio negativo que se forma entre ellas.

¿Ves? 1+1=3

GENÉTICA

Un buen ejemplo es la genética. Tienes una mamá y tienes un papá. Posees características de ambos pero la suma de ti, completo, es mayor que la suma de sus partes. Eres una mezcla de tu papá, de tu mamá y de todos tus antecesores.

Así como tienes una genealogía familiar, tienes una genealogía de ideas. De plano no puedes escoger a tu familia pero sí elegir a tus maestros y amigos, la música que escuchas, los libros que lees y las películas que ves.

De hecho, eres una mezcla de aquello que dejas entrar en tu vida. Eres la suma de tus influencias. El escritor alemán Goethe dijo: "Estamos formados y conformados por aquello que amamos."

> "Fuimos niños sin padres... así que encontramos a nuestros progenitores en cera y en las calles y en la historia. Pudimos escoger los antecesores que inspirarían el mundo que construimos para nosotros mismos."
>
> —Jay-Z

JUNTA BASURA, SACA LA BASURA

El artista es un coleccionista. No un acumulador; hay una diferencia: los acumuladores coleccionan indiscriminadamente, los artistas lo hacen selectivamente. Sólo coleccionan cosas que de verdad les gustan.

Hay una teoría económica que dice que si sumas los ingresos de tus cinco amigos más cercanos y sacas un promedio, la cantidad resultante será muy cercana a tu propio ingreso.

Creo que lo mismo pasa con las ideas. Sólo serás tan bueno como las cosas de las que te rodeas. Mi mamá solía decirme: "Junta basura, saca la basura." Me volvía loco pero ahora entiendo a qué se refería.

Tu trabajo es recolectar buenas ideas. Mientras más buenas ideas colecciones, tendrás un espectro más amplio del cual puedes dejarte influir.

"Roba de cualquier lado que resuene con inspiración o que ponga en marcha tu imaginación. Devora películas viejas, películas nuevas, música, libros, pinturas, fotografías, poemas, sueños, conversaciones aleatorias, arquitectura, puentes, señalizaciones callejeras, árboles, nubes, luces y sombras. Roba sólo de las cosas que le hablen directamente a tu alma. Si haces esto, tu trabajo (y tu robo) serán auténticos."

—Jim Jarmusch

TREPA A TU PROPIO ÁRBOL FAMILIAR

Marcel Duchamp dijo: "No creo en el arte. Creo en los artistas." Éste es un excelente método de estudio: si tratas de devorar toda la historia de tu disciplina en una sentada, acabarás atragantándote.

Mejor, empieza por alguien que realmente te inspire: escritor, artista, activista, modelo a seguir. Estudia todo lo que hay que saber acerca de esa persona. Después, encuentra tres personas que inspiraron a tu objeto de estudio y averigua todo sobre ellas. Repite esto cuantas veces puedas. Trepa a ese árbol lo más alto que puedas. Una vez que hayas construido tu árbol, es hora de que crezca tu propia rama.

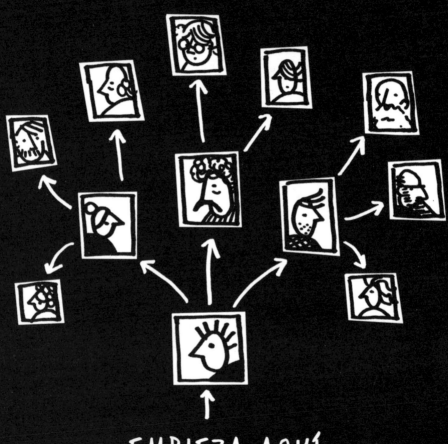

EMPIEZA AQUÍ

Verte como parte de un linaje creativo te ayudará a sentirte menos solo cuando empieces tus propias creaciones. En mi estudio tengo fotos de mis artistas favoritos. Son como fantasmas amigables. Casi puedo sentir cómo me dan un empujoncito creativo cuando estoy encogido en mi escritorio.

Lo más genial de los maestros muertos o remotos es que no pueden negarte como un aprendiz. Puedes aprender lo que quieras de ellos. Dejaron sus planes de trabajo en sus obras.

lee a profundidad

manténtete abierto

sigue cuestionando

Usa

Google

hermano

SÉ TU PROPIA ESCUELA

La escuela es una cosa. La educación es otra. No siempre tienen que empalmarse. Estés o no en la escuela, siempre será tu trabajo seguir educándote.

Debes tener curiosidad por el mundo en que vives. Buscar cosas. Perseguir cada referente. Ir más lejos que nadie. Así es como sacas ventaja.

Googlea todo. Quiero decir, TODO. Usa Google para encontrar tus sueños, tus problemas. No hagas una pregunta antes de googlearla. Es simple: encontrarás la respuesta o te surgirán mejores preguntas.

"Fuera a la escuela o no, siempre estudiaba."

—RZA

Lee todo el tiempo. Ve a la biblioteca. Hay una magia especial cuando te rodeas de libros. Piérdete en los libreros. Lee biografías. No se trata del libro con el que empiezas sino del libro al que llegas.

Colecciona libros, aunque no planees leerlos inmediatamente. El cineasta John Waters dijo: "Nada es más importante que una biblioteca sin leer."

No te preocupes por investigar. Empieza por buscar.

GUARDA TUS ROBOS PARA DESPUÉS

Donde sea que vayas, siempre lleva contigo un cuaderno y una pluma. Acostúmbrate a sacarlo y anotar todos tus pensamientos y observaciones. Copia de los libros tus pasajes favoritos. Documenta conversaciones ajenas. Garabatea mientras hablas por teléfono.

Haz lo que sea necesario pero siempre ten papel a la mano.
El artista David Hockney mandó arreglar todos sus sacos y
chamarras para que en las bolsas interiores cupiera un cuaderno.
Al músico Arthur Russell le gustaban las camisas con dos bolsas
al frente para llenarlas de recortes y composiciones.

Ten un archivo de robos. Es justamente un archivo en donde
guardes y registres todos los pensamientos que te has robado.
Puede ser digital o análogo: no importa qué forma tenga
mientras funcione. Puedes tener un *scrapbook* para cortar y pegar
cosas o tomar fotos de cosas que llaman tu atención.

¿Ves algo que valga la pena robar? Corre a ponerlo en tu
archivo de robos. ¿Necesitas un poco de inspiración? Corre a
revisar tu archivo de robos.

Los reporteros llaman a esto su "archivo morgue", ese nombre
me gusta aún más. El archivo morgue es donde guardas las
cosas muertas que más tarde pueden servirte.

"Es mejor tomar lo que no te pertenece que dejarlo abandonado."

—*Mark Twain*

② NO ESPERES ERES PARA COSAS EN

SABER QUIÉN
PONER LAS
MARCHA

HAZ COSAS, CONÓCETE

Si hubiera esperado a saber quién era o qué era antes de empezar a "ser creativo", pues seguiría sentado intentando descifrarme en vez de estar haciendo cosas. En mi experiencia, creando cosas y haciendo nuestro trabajo ayuda a encontrarnos.

Estás listo. Comienza a crear.

Tal vez tienes miedo de empezar. Es natural. Hay una cosa muy real que se manifiesta en la gente educada: el "síndrome del impostor".

La definición clínica es "un fenómeno psicológico por el cual el individuo no puede interiorizar sus logros". Esto quiere decir que te sientes ridículo, que dejas las cosas volando, que no tienes la mínima idea de lo que estás haciendo.

¿Adivina qué? Todos estamos igual. Pregúntale a cualquier creativo y te dirá la verdad: no sabe de dónde vienen cosas tan buenas. Sólo se presentan y hacen su trabajo. Todos los días.

FINGE HASTA LOGRARLO

¿Alguna vez has oído de la dramaturgia? Es un término extravagante que sirvió a William Shakespeare para plasmar en su obra *Como gustéis,* hace más de 400 años lo siguiente:

Todo el mundo es un escenario,

todos los hombres y mujeres, meramente jugadores,

tienen sus entradas y tienen sus salidas;

y, en su tiempo, un hombre juega muchas partes.

¿Otra forma de decirlo? *Finge hasta que lo logres.*

Me encanta esta frase. Hay dos formas de leerla:

1. Pretende ser algo que no eres hasta que lo seas, finge hasta que seas exitoso, hasta que todo mundo te vea de la forma que tú quieres;

2. Pretende hacer algo hasta que hagas algo.

Me gustan las dos lecturas: debes vestirte para el trabajo que quieres, no para el trabajo que tienes y debes empezar a hacer el trabajo que quieres hacer.

¿Otra cosa que me encanta? El libro para niños de Patti Smith, *Sólo niños*. Es una historia de dos amigos que querían ser artistas y se mudaron a Nueva York. ¿Sabes cómo aprendieron a ser artistas?

"Empiezas como un farsante y te conviertes en verdadero."

—*Glenn O'Brien*

 EL LIBRETO

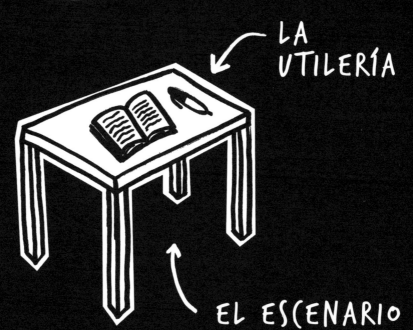

LA
UTILERÍA

EL ESCENARIO

Pretendieron ser artistas. En mi escena favorita –de la cual el libro obtiene su título– Patti Smith y su amigo, el fotógrafo Robert Mapplethorpe, se hacen pasar por gitanos bohemios y van al Parque Washington, donde todo mundo está pasando un buen rato. Una pareja de turistas los ve boquiabiertos y la mujer le dice a su esposo: "¡Tómales una foto! Creo que son artistas famosos." "Ay, por favor," responde su marido: "Son sólo chicos."

El punto es: el mundo es un escenario. El trabajo creativo es una suerte de teatro. El escenario es tu estudio, tu escritorio, tu estación de trabajo. El disfraz es tu atuendo –tus pantalones de pintar, tu traje sastre y hasta ese sombrero chistoso que te ayuda a pensar. La utilería es tu material, tus herramientas y tu medio. El libreto es el tiempo. Una hora aquí, otra hora allá –el tiempo para que las cosas pasen.

Finge hasta lograrlo.

EMPIEZA A COPIAR

Nadie nace con estilo ni con voz. No sales de la matriz sabiendo quién eres. Al principio de nuestra vida, aprendemos imitando a nuestros héroes. Aprendemos copiando.

Estamos hablando de práctica, no plagio: plagio es darte el crédito por el trabajo de alguien más. Copiar significa ingeniería inversa. Es como un mecánico tomando una parte del coche para saber cómo funciona.

"Empieza a copiar lo que amas. Copia, copia, copia, copia. Cuando acabes de copiar, te encontrarás a ti mismo.

—*Yohji Yamamoto*

33

LA MANO HUMANA ES
INCAPAZ DE HACER UNA
COPIA PERFECTA

Aprendemos a escribir copiando el abecedario. Los músicos aprenden a tocar practicando las escalas. Los pintores a pintar copiando las obras maestras.

Recuerda: hasta los Beatles empezaron como una banda de *covers*. Paul McCartney ha dicho: "Yo emulaba a Buddy Holly, Little Richard, Jerry Lee Lewis, Elvis. Todos lo hacíamos." McCartney y John Lennon se convirtieron en uno de los equipos compositores más importantes de la historia pero, como recuerda McCartney, sólo empezaron a escribir sus canciones "como una manera de evitar que otras bandas tocaran el *set* que tenían planeado". Como dijo Salvador Dalí: "Aquellos que no quieren imitar nada, no producen nada."

Primero debes saber a quién copiar. Segundo, qué copiar.

A quién copiar es fácil. Le copias a tus héroes: la gente que quieres, la que te inspira, la gente como la que quieres ser. El compositor Nick Lowe dice: "Empiezas reescribiendo el catálogo de tu héroe." Y no sólo robas de uno de tus héroes, robas de todos ellos. El escritor Wilson Mizner decía que si copiabas de un autor, era plagio, pero si copiabas de varios, era investigación. Alguna vez escuche a Gary Panter, el caricaturista, decir: "Si has tenido influencia de una persona, todos dirán que eres su sucesor. Si le robas a cien personas, todos dirán que eres ¡el más original!"

Qué copiar es un poco más difícil. No sólo te robes un estilo, róbate el pensamiento detrás de ese estilo. No quieres verte como tus héroes, quieres observar como ellos.

La razón por la que copiamos a nuestros héroes y su estilo es porque, de una forma u otra, logramos echarle un vistazo a su mente. *Eso* es lo que realmente quieres: interiorizar su forma de ver al mundo. Si sólo imitas la superficie del trabajo de alguien más, sin entender de dónde viene, tu trabajo no será nada más que una mala imitación.

IMITAR NO ES HALAGAR

"Queremos que nos quites algo. Primero, queremos que nos robes, porque no sabes robar. Tomarás lo que te damos y lo pondrás en tu propia voz, y así, encontrarás tu propia voz. Y así es como empiezas. Y entonces, algún día, nosotros te robaremos a ti."

—Francis Ford Coppola

En algún punto tendrás que dejar de imitar a tus héroes para empezar a emularlos. Imitar significa copiar. La emulación va un paso más allá, logrando algo propio.

"No hay una sola jugada que sea nueva." El basquetbolista Kobe Bryant ha admitido que ninguno de sus movimientos es nuevo, todos sus dribles los ha robado de videos de sus héroes jugando. Pero cuando Bryant empezó a robarse muchos de esos movimientos, se dio cuenta de que no podía lograrlos porque no tenía el mismo tipo de cuerpo que los atletas que admiraba. Tuvo que adaptar cada uno de los movimientos para hacerlos suyos.

Conan O'Brien ha hablado de cómo los comediantes tratan de emular a sus héroes, se quedan cortos y terminan haciendo algo propio. Johnny Carson trató de ser como Jack Benny pero terminó siendo Johnny Carson. David Letterman trató de copiarle a Johnny Carson pero acabó siendo David Letterman. Y Conan O'Brien quiso ser como David Letterman, pero al final, fue Conan O'Brien. En sus propias palabras: "Es un fracaso convertirse en el ideal que a fin de cuentas nos define y nos hace únicos." Menos mal.

BUEN LADRÓN	VS.	MAL LADRÓN
HONRAR		DEGRADAR
ESTUDIAR		TIMAR
ROBAR DE MUCHOS		ROBARLE A UNO
DAR CRÉDITO		PLAGIAR
TRANSFORMAR		IMITAR
MEZCLAR		ESTAFAR

"Le he robado movimientos geniales a los mejores jugadores. Sólo trato de que quienes vinieron antes que yo se sientan orgullosos, porque yo he aprendido mucho de ellos. Todo es en nombre del juego. Es algo mucho más grande que yo."

—*Kobe Bryant*

Un defecto maravilloso del ser humano es que somos incapaces de hacer copias perfectas. El momento en que fracasamos al copiar a nuestros héroes es cuando descubrimos qué es lo que nos hace únicos. Así es como evolucionamos.

Así que cópiale a tus héroes. Examina en qué te quedas corto. ¿Qué hay ahí que te haga diferente? *Eso* es lo que debes ampliar y transformar en tu propio trabajo.

Al final, solamente imitar a tus héroes no es adular. Transformar su trabajo en algo tuyo es la mejor forma de que se sientan halagados; dándole algo al mundo que sólo tú tienes.

③ ESCRIBE
LIBRO
QUIERES

EL QUE LEER

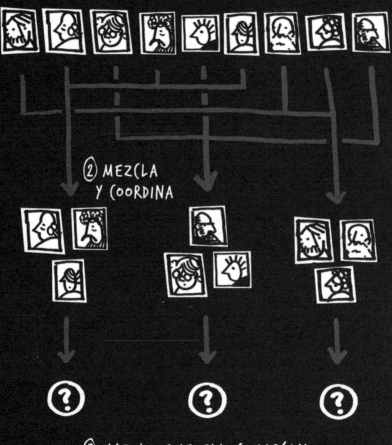

ESCRIBE LO QUE ~~SABES~~ TE GUSTA

Vi la película *Parque Jurásico* cuando cumplí diez años. Me encantó. Desde que salí del cine, me moría por ver una secuela; así que al día siguiente me senté frente a nuestra vieja PC y la escribí. En mi libreto, el hijo del oficial del parque, devorado por velociraptors, regresa a la isla con la nieta del dueño del parque. Uno de ellos quiere destruir el resto del parque, el otro quiere salvarlo. Obviamente, se enamoran y las aventuras continúan.

En ese momento no lo sabía pero estaba escribiendo lo que ahora sé que se llama ficción: historias ficticias basadas en personajes que ya existen.

Mi yo de diez años guardó el texto en la computadora y algunos años después, por fin se estrenó la secuela. *Parque Jurásico: Mundo perdido,* fue una basura. Las secuelas siempre apestan cuando se comparan con la historia que creaste en tu mente.

La pregunta que todo escritor joven debe hacerse en algún punto es: "¿Qué debo escribir?" Y la respuesta común es: "Escribe lo que sabes." Este consejo siempre lleva a las terribles historias en las que n-a-d-a interesante pasa.

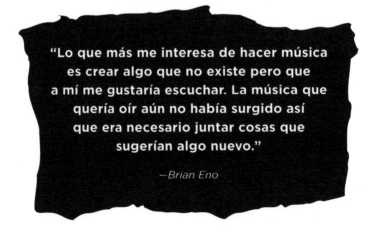

"Lo que más me interesa de hacer música es crear algo que no existe pero que a mí me gustaría escuchar. La música que quería oír aún no había surgido así que era necesario juntar cosas que sugerían algo nuevo."

—Brian Eno

Hacemos arte porque nos gusta el arte. Nos atraen ciertos tipos de trabajos porque nos inspiran. Toda la ficción es, de hecho, ficción fanática.

El mejor consejo no es que escribas lo que sabes, sino lo que te gusta. Escribe el tipo de historia que más te gusta, la historia que quieres leer. El mismo principio aplica para tu vida y para tu carrera profesional: cuando no sepas cuál es tu siguiente paso, sólo pregúntate: "¿Qué será una mejor historia?"

Bradford Cox, miembro de la banda *Deerhunter*, dice que cuando era joven no existía internet así que tenía que esperar el lanzamiento oficial para escuchar el nuevo disco de sus bandas favoritas. Tenía un juego: se sentaba y "grababa" una versión falsa del disco; la que verdaderamente quería escuchar. Después, cuando el álbum salía, comparaba las canciones que él había escrito con las reales. Y, ¿sabes qué?, eventualmente muchas de esas canciones formaron parte de la discografía de *Deerhunter*.

Cuando amamos una pieza de arte, queremos más desesperadamente. Nos encantan las secuelas. ¿Por qué no canalizar ese deseo en algo productivo?

Piensa en tu obra de arte favorita y en tus héroes creativos. ¿Qué les falta? ¿Hay algo que no lograron?¿Qué podría mejorar? Si siguieran vivos, ¿qué estarían haciendo ahora? Si se reunieran todos tus creadores favoritos y colaboraran, ¿qué obra crearían contigo a la cabeza del equipo?

Ve y haz justo eso.

El manifiesto es éste: dibuja el arte que quieres ver, empieza el negocio que quieres administrar, toca la música que quieres oír, escribe los libros que quieres leer, crea los productos que quieres usar. Haz el trabajo que quieres que se haga.

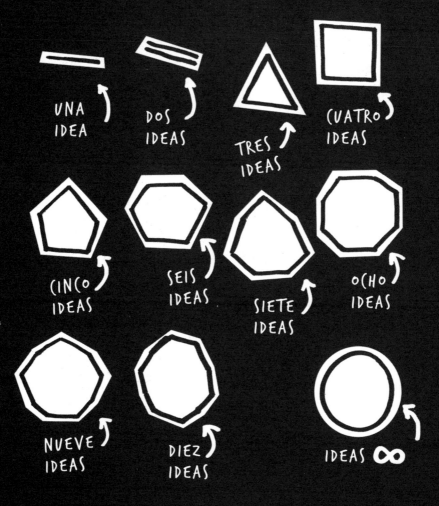

TUS MANOS

"No sabemos de dónde
vienen nuestras ideas.
Lo que sí sabemos es que
no vienen de nuestras
laptops."

—*John Cleese*

ALÉJATE
DE LA
PANTALLA

Mi caricaturista favorita, Lynda Barry, suele decir: "En la era digital, no olvides usar tus huellas... ¡digitales!" Tus manos son los artefactos digitales originales. Úsalos.

Aunque amo mi computadora, creo que nos han robado el sentimiento de que estamos, en efecto, haciendo cosas. En vez de eso, siento que sólo tecleamos y damos click en el *mouse*. Es por esto que el supuesto trabajo conocedor parece tan abstracto. El artista Stanley Donwood, quien ha realizado todo el arte para los discos de *Radiohead,* dice que las computadoras nos separan con una pantalla de cristal de aquello que creamos. Dice Donwood: "En realidad nunca tocas nada de lo que haces a menos que lo imprimas."

Basta con ver a alguien frente a una computadora. Están tan quietos, tan absortos. No necesitas que un estudio científico (aunque hay bastantes) te diga que sentarte todo el día frente a una computadora te está matando, y está matando tu trabajo. Necesitamos movernos, sentir que estamos haciendo algo con nuestro cuerpo, no sólo con la cabeza.

El trabajo que sólo surge de la mente no es tan bueno. Fíjate en un gran músico dando un concierto. Mira a un gran líder dar un discurso. ¿Ves a lo que me refiero?

Necesitas encontrar una manera de poner tu cuerpo en acción. Nuestros nervios no son una calle de un solo sentido: nuestro cuerpo le dice tanto a nuestro cerebro como el cerebro a nuestro cuerpo. Lo fantástico del trabajo creativo es la inercia de estar en constante movimiento: si empezamos a movernos por inercia, tocando las cuerdas de una guitarra, jugando con *post-it* en una junta o amasando plastilina… ese movimiento prende un foco en nuestro cerebro. Y empezamos a pensar.

EL ARTE QUE SÓLO
SURGE DE LA MENTE NO
ES TAN BUENO.

"Llevo demasiado tiempo viendo los rectángulos brillosos de las pantallas de computadora. Hay que darle más tiempo a las cosas que se hacen en el mundo real... plantar una planta, pasear a los perros, leer un libro en papel, ir a la ópera."

—*Edward Tufte*

Cuando estaba en los talleres de escritura creativa en la universidad, todo tenía que ser con doble espacio, en Times New Roman. Y lo que yo hacía era terrible. Escribir dejó de ser divertido para mí. El poeta Kay Ryan dice: "Antes de que existieran los programas de escritura creativa, los talleres eran normalmente en un viejo ático en el que usabas serruchos, taladros y martillos para crear cosas." El escritor Brian Kiteley dice que él trata de que sus talleres le hagan honor a su nombre: un cuarto grande, espacioso, lleno de herramientas y materiales que obligan al trabajo manual.

El proceso creativo se me hizo divertido de nuevo cuando empecé a usar herramientas análogas; hasta mi trabajo mejoró. Para mi primer libro, *Newspaper Blackout,* traté de que el proceso fuera lo más manual posible. Cada poema de ese libro lo hice con una hoja de periódico y un plumón permanente. El proceso activó casi todos mis sentido: sentir el papel periódico en mis manos, ver las palabras desaparecer bajo la tinta, el sonido del plumón sobre el papel, el olor que desprende, era como magia. Cuando estaba haciendo los poemas, no sentía que estuviera trabajando. Era como jugar.

La computadora es genial para editar tus ideas, y para prepararlas antes de publicarlas, pero en realidad no sirve mucho para generar ideas. Hay demasiadas oportunidades para apretar el botón de *delete*. La computadora nos hace unos mojigatos perfeccionistas, empezamos a editar ideas antes de tenerlas. El caricaturista Tom Gauld dice que se mantiene alejado de la computadora hasta que ha pensado la mayor parte de sus tiras porque una vez que la computadora se involucra, "las cosas están en un camino inevitable de terminarse. En mi libreta las posibilidades son infinitas".

Cuando llegó el momento de estructurar *Newspaper Blackout*, escanée todas las piezas de papel que tenía y las imprimí. Las puse en toda mi oficina y después empecé a acomodarlas en pilas por tema y luego en una sola pila que determinó el orden del libro; finalmente, copié el orden de los papeles en la computadora.

Así hice el libro, primero con las manos, después con la computadora, las manos otra vez y la computadora al final. Una especie de *loop* entre lo análogo y lo digital.

Ahora así trato de hacer todo mi trabajo. En mi oficina tengo dos escritorios, uno es "análogo" y el otro "digital". El análogo ni tiene nada más que plumas, plumones, lápices, papel, tarjetas, periódicos. Todo lo electrónico está vetado de ese escritorio. Ahí es donde surge casi todo mi trabajo, y en todo el escritorio hay rastros físicos, recortes y sobras de mi proceso. (A diferencia de los discos duros, el papel no tiene fallas técnicas.) En mi escritorio digital está mi computadora, mi monitor, mi escáner y mi tableta de dibujo. Ahí es donde edito y publico mi trabajo.

Inténtalo: si tienes el espacio, pon dos estaciones de trabajo, una digital y una análoga. Deja tu estación análoga libre de aparatos electrónicos. Toma 100 dólares y ve a algún almacén de artículos de papelería; compra papeles, plumas, *post-it* de

colores. Cuando regreses a tu estación análoga, imagínate
que es la hora de las manualidades y dibuja, recorta, pega tus
creaciones. Trabaja de pie. Pega las cosas en la pared y busca
patrones. Despliega todos los papeles y clasifícalos.

Una vez que pongas en marcha tus ideas, puedes ir a tu
estación digital y usar la computadora para ejecutarlas y
publicarlas. Si empiezas a perder inspiración, regresa a jugar a
tu estación análoga.

(5) LOS EXTRAS Y SON

PROYECTOS

LOS HOBBIES

IMPORTANTES

"**El trabajo que haces mientras procrastinas debería ser el trabajo que hagas el resto de tu vida.**"

–Jessica Hische

PRACTICA LA PROCRASTINACIÓN PRODUCTIVA

Algo que he aprendido en mi corta carrera es que los proyectos extras son los que realmente despegan. Por estos proyectos me refiero a lo que haces sólo por pasar el rato. Cosas que sólo son un juego. *Ésas* son las cosas buenas, es ahí donde sucede la magia.

Creo que es bueno tener varios proyectos al mismo tiempo para que puedas rebotarlos. Cuando te canses de un proyecto, ponle atención a otro y cuando ése te canse, regresa al que dejaste pendiente. Practica la procrastinación productiva.

Date el tiempo para aburrirte. Una vez, un compañero de trabajo me dijo: "Cuando estoy ocupado, me vuelvo estúpido." Verdad absoluta. La gente creativa necesita tiempo para sentarse a no hacer nada. Yo tengo algunas de mis mejores ideas cuando estoy aburrido, por eso nunca llevo mis camisas a la lavandería. Me encanta planchar; es tan aburrido que siempre me surgen buenas ideas. Si estás bloqueado, lava los platos. Toma una larga caminata. Mira fijamente una mancha en la pared. Como dice la artista Maira Kalman: "Evitar el trabajo es la mejor forma de concentrarme."

Date tiempo para pasar el rato. Para perderte. Nunca sabes a dónde puedes llegar.

No DESPERDICIES NADA DE TI MISMO

Si tienes dos o tres verdaderas pasiones, no creas que tienes que escoger alguna. No las deseches. Quédate con todo lo que te apasiona. Esto es algo que aprendí del guionista Steve Tomlinson.

"No puedes unir los puntos mirando al frente. Sólo puedes conectarlos mirando hacia atrás."

–Steve Jobs

ATENCIÓN

No dejes tus

deseos

~~pertenencias~~

desatendid~~as~~ os

NO TE PREOCUPES POR LA UNIDAD ENTRE LAS PIEZAS. LO QUE UNIFICA TODO TU TRABAJO ES EL HECHO DE QUE ES TUYO.

Tomlinson sugiere que, si te atraen varias cosas, sigas invirtiendo tiempo en ellas. "Deja que interactúen, que hablen entre ellas. Algo surgirá de eso."

La verdad es que puedes olvidarte de una o dos de tus pasiones pero, después de un tiempo, empezarás a sentir que algo te falta.

Pasé mi juventud obsesionado con escribir canciones y con tocar en bandas pero después decidí que debía concentrarme en escribir, así que pasé media década sin tocar música. El sentimiento de vacío creció cada vez más.

Hace más o menos un año empecé a tocar de nuevo. Ahora empiezo a sentirme completo. Y lo más genial es que, en vez de que la música me reste capacidad para escribir, la está mejorando. Puedo sentir que mi sinapsis mental se está volviendo loca con nuevas conexiones. Casi la mitad de la gente con quien trabajo es músico (lo cual es muy común en

Austin, Texas) y no todos son creativos, algunos son ejecutivos de cuenta, desarrolladores y demás. Pero todos te dicen lo mismo: la música alimenta tu trabajo.

También es importante tener un *hobby;* algo creativo que es sólo para ti. No tratas de ganar dinero ni volverte famoso por hacerlo, lo haces porque te hace feliz. Un *hobby* es algo que da pero no quita. Mi arte es para que el mundo lo vea, mi música es sólo para mí y mis amigos. Nos juntamos cada domingo y hacemos ruido durante un par de horas. Sin presión, sin planes. Es regenerativo. Casi como ir a la iglesia.

No dejes ir ni una parte de ti. No te preocupes por la visión completa y unificada de tu trabajo. No te preocupes por la unidad, lo que unifica tu trabajo es el hecho de que es tuyo. Algún día, mirarás atrás y todo tendrá sentido.

6 EL

HAZ UN TRABAJO Y

SECRETO:

BUEN

COMPÁRTELO

AL PRINCIPIO, LA OSCURIDAD ES BUENA

Recibo muchos correos de gente joven que me pregunta:
"¿Qué hago para que me descubran?"

Simpatizo con ellos. Hay un tipo de caída libre que ocurre
después de la universidad. El salón es un lugar maravilloso,
pero artificial. A tus profesores les pagan por ponerle atención
a ideas, y tus compañeros pagan para que alguien le ponga
atención a sus ideas. Nunca más en tu vida tendrás una
audiencia tan cautiva.

Poco tiempo después te das cuenta que al mundo no necesariamente le importa lo que tú pienses. Suena rudo, pero es verdad. Como dijo el escritor Steven Pressfield: "No es que la gente sea mala o malvada, es sólo que están ocupados."

De hecho, esto es algo bueno porque quieres atención sólo cuando estás haciendo un trabajo excelente. Cuando eres desconocido, no hay presión. Puedes hacer lo que quieras. Experimentar. Hacer cosas sólo por diversión. Cuando eres desconocido, no hay nada que te distraiga de ser mejor. No hay una imagen pública que cuidar o un cheque gigante en la cuerda floja. No hay accionistas. No hay correos de tu agente. No hay ataduras.

Nunca más tendrás esa libertad cuando la gente empiece a prestarte atención, y mucho menos si empiezan a pagarte.

"Disfruta tu oscuridad mientras dure. Úsala."

LA FÓRMULA
NO TAN SECRETA

Si hubiera una fórmula secreta para darte a conocer, te la daría. Pero sólo conozco una fórmula no tan secreta: haz un buen trabajo y compártelo.

Es un trabajo en dos pasos. El paso uno, "haz un buen trabajo", es increíblemente difícil. No hay atajos. Hay que hacer cosas todos los días. Saber que, por un buen rato, vas a ser malo. Fracasar. Mejorar. El paso dos, "compártelo", era muy difícil hasta hace más o menos 10 años. Ahora es muy simple: "Sube tu arte a internet."

Cuando le digo eso a la gente, inevitablemente me pregunta: "¿Cuál es el secreto del internet?"

PASO UNO:
CONTEMPLA
ALGO

PASO DOS:
INVITA A OTROS
A CONTEMPLAR
CONTIGO

Paso uno: Contempla algo. **Paso 2:** Invita a otros a contemplar contigo. Debes contemplar las cosas que nadie más ve. Si todos están contemplando las manzanas, contempla las naranjas. Mientras más compartas tu pasión, la gente se sentirá más cerca de tu obra. Los artistas no son magos; no hay un castigo por revelar sus trucos.

Aunque no lo creas, tomo mucha inspiración de personas como Bob Ross o Martha Stewart. ¿Te acuerdas de Bob Ross? El pintor de PBS con el afro y los árboles felices. Él revelaba sus secretos. Martha Stewart enseña cómo hacer tu casa y tu vida increíbles. Ella revela sus secretos. A la gente le encanta que reveles tus secretos, te retribuyen comprando tu obra.

Cuando abres al público tu proceso creativo e invitas a la gente, aprendes mucho.

Yo he aprendido mucho de quienes suben sus poemas a la página de *Newspaper Blackout*. También he encontrado muchas cosas que robar. Me beneficia tanto como a ellos.

No subes tu perfil y tu obra a internet sólo porque tienes algo que decir; puedes hacerlo para encontrar algo que decir. Internet es mucho más que un lugar para publicar tus ideas terminadas; puede funcionar como una incubadora de ideas que aún no están bien formadas, un lugar para desarrollar el trabajo que aún no has comenzado.

Muchos artistas se preocupan de que estar en línea los hace trabajar menos pero yo me he dado cuenta de que tener presencia en internet te da una patada bastante motivadora. La mayoría de las páginas de internet y los blogs muestran los *posts* en orden cronológico inverso –tu último *post* es el primero que ven los visitantes– así que sólo eres tan bueno como tu último *post*.

Esto te mantiene siempre al límite, pensando en qué publicarás después. Tener un contenedor vacío nos inspira a llenarlo. A lo largo de los años, siempre que me siento perdido, reviso mi página de internet y me pregunto, "¿Con qué puedo llenar este espacio?"

LA VIDA DE UN PROYECTO*

ÉSTA ES LA MEJOR IDEA
DEL MUNDO

OK, ESTO ES MÁS DIFÍCIL
DE LO QUE PENSÉ

ESTO VA A NECESITAR
MUCHO TRABAJO

ESTO APESTA. Y
ES ABURRIDO

LA OSCURIDAD
DEL ALMA

NECESITO TERMINAR
PARA LA PRÓXIMA
VEZ, YA APRENDÍ

YA LO HICE Y APESTA.
BUENO, NO TANTO
COMO PENSÉ

* ROBADO DE MI AMIGO MAUREEN MCHUGH

COMPARTE TUS
PUNTOS PERO NO
LOS CONECTES

Aprende a programar. Descubre cómo hacer una página web. Aprende a bloggear. Aprende a tuitear. Descubre las redes sociales. Encuentra gente en internet con quien compartas gustos y ponte en contacto. Comparte cosas con ellos.

No tienes que compartir *todo;* de hecho, algunas veces es mejor no hacerlo. Muestra un poco de tu trabajo. Comparte un boceto o un fragmento, un vistazo de tu proceso. Piensa qué puedes compartir que tenga valor para los demás. Comparte un buen consejo, un link interesante. Menciona un buen libro.

Si te preocupa revelar tus secretos, puedes compartir tus puntos sin conectarlos. Es tu dedo el que pica el botón de "Publicar". Tú tienes el control de cuánto y qué compartes.

> **"No te preocupes de que la gente se robe tus ideas. Si tus ideas son buenas, tendrás que encajarlas en la mente de las personas."**
>
> *-Howard Aiken*

⑦ LA
YA NO

GEOGRAFÍA
MANDA

CONSTRUYE TU PROPIO MUNDO

Crecí en medio un campo de maíz en el sur de Ohio. Cuando era niño, lo único que quería era ir a algún lado donde algo estuviera pasando.

Ahora vivo en Austin, Texas. Un lugar con mucha onda. Muchísimos artistas y creativos en todos lados. ¿Y sabes qué? Diría que 90% de mis mentores y compañeros no viven en Austin. Viven *en todos lados*. Los conozco por internet. Lo que quiere decir que la mayoría de mis pensamientos y mis conversaciones relacionadas con arte, ocurren en línea. En vez de una escena artística geográfica, tengo amigos de *Twitter* y *Google Reader*.

No tienes que vivir en ningún lado diferente al que estás para conectarte con la gente del mundo al que quieres pertenecer. Si te sientes atrapado, si eres muy joven, si estás en bancarrota o si hay algo que te ata a un lugar, no desistas. Hay una comunidad de gente con quien puedes conectarte.

Mientras, si el mundo en que estás no es lo tuyo, empieza a crear uno nuevo. (Ahora sería un buen momento para ponerte tus audífonos y subirle a la canción de los *Beach Boys*, "In My Room.") Rodéate de libros y de objetos que aprecias. Pega cosas a la pared. Crea tu propio mundo.

Franz Kafka escribió: "No es necesario salir de casa. Siéntate en tu escritorio y escucha. No, no escuches. Sólo espera. No esperes, quédate quieto. Y solo. El mundo entero estará a tu alcance." ¡Y Kafka nació un siglo antes que internet!

DISFRUTA DEL CAUTIVERIO

Todo lo que necesitas es un poco de espacio y un poco de tiempo; espacio para trabajar y tiempo para hacer algo. Una soledad autoimpuesta y un cautiverio temporal. Si tu situación en casa no te permite eso, a veces puedes encontrar soledad afuera, en lo salvaje. Cuando era niño, mi mamá siempre me llevaba al centro comercial. Antes de empezar sus compras, me llevaba a la librería y me compraba el libro que yo quisiera. Entrábamos en las tiendas y yo me sentaba a leer mientras ella se probaba ropa. Esto pasó durante años. Leí muchos libros.

Ahora tengo un coche y un celular. Siempre estoy conectado, nunca solo, nunca en cautiverio. Así que tomo el camión al trabajo, aunque sea 20 minutos más tardado que ir en auto. Voy a una peluquería sin internet inalámbrico en la que siempre hay fila para ser atendido. En el aeropuerto, mantengo mi laptop cerrada. Voy a las librerías a pasar el tiempo.

Siempre cargo un libro, una pluma y un cuaderno de notas. Y siempre disfruto de mi soledad y de mi cautiverio temporal.

SAL
DE
CASA

"La distancia y la diferencia son el secreto tónico de la creatividad. Cuando llegamos a casa, todo es igual. Pero algo en nuestra mente ha cambiado y eso, cambia todo."

–Jonah Lehrer

Decir que la geografía ya no manda no es decir que la localización no es importante. El lugar en el que escogemos vivir tiene mucho impacto sobre lo que creamos.

En algún punto, cuando puedes, tienes que irte de casa. Siempre puedes regresar pero debes irte, al menos, una vez.

Tu cerebro entra en una zona de confort cuando se acostumbra a tu entorno. Necesitas incomodarlo. Necesitas pasar un tiempo en otras tierras, con gente que hace cosas diferentes a las que estás acostumbrado. Viajar hace que el mundo se vea nuevo, y cuando el mundo se ve nuevo, nuestro cerebro trabaja más.

El tiempo que tuve la suerte de pasar en Italia e Inglaterra cuando tenía 19 y 20 años, cambió mi vida. Pero es importante remarcar que una cultura diferente no sólo está del otro lado del mundo, o en otro país. Para algunas personas que crecieron conmigo, Texas puede parecerles tan extraño como Marte. (He vivido aquí mucho tiempo. A veces sí parece Marte.)

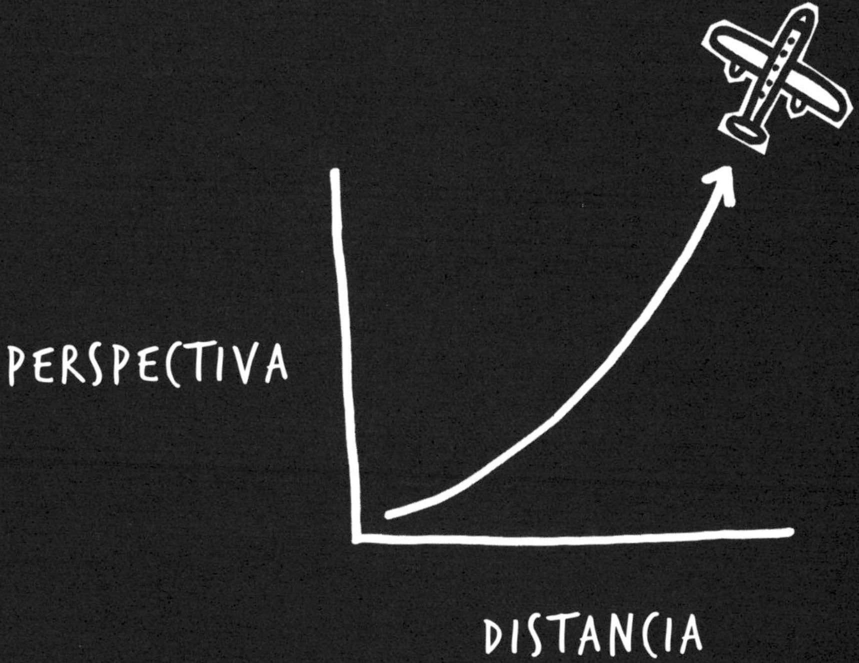
PERSPECTIVA
DISTANCIA

Si sabemos que debemos salir de casa, ¿a dónde debemos ir? ¿Cómo escogemos dónde vivir? Hay muchos factores en esta ecuación, todos dependen de tus gustos. Personalmente, creo que el mal clima inspira mejor arte. No quieres salir, así que te quedas trabajando. Cuando viví en Cleveland, avancé muchísimo en mi trabajo durante los tremendos meses de invierno. Aquí en Texas, hago la mayor parte de mi trabajo en la ardiente época de verano. (El invierno en Cleveland y el verano en Texas duran casi lo mismo: medio año.)

También ayuda vivir rodeado de gente interesante, y no necesariamente de tu campo. La verdad me siento un poco *snob* cuando sólo me reúno con escritores y artistas, así que disfruto mucho de la compañía de cineastas, músicos y *geeks* de la tecnología. Y la comida... La comida debe ser buena. Debes encontrar un lugar que te alimente creativamente, socialmente, espiritualmente y... literalmente.

Aunque encuentres un nuevo hogar, debes dejarlo de vez en cuando. Y en algún punto, quizá necesites mudarte. La buena noticia es que, hoy en día, muchos de tus conocidos están justo donde los dejaste... en internet.

8 Sé amable

ES UN

(EL MUNDO PAÑUELO)

HAZ AMIGOS, IGNORA A LOS ENEMIGOS

Sólo tengo una razón para estar aquí: hacer amigos.

La regla de oro es aún más dorada en nuestro mundo hiperconectado. Una lección importante que debes aprender: si hablas de alguien en internet, se van a enterar tarde o temprano. Todo mundo tiene una alerta de Google con su nombre. ¿La mejor forma de vencer a tus enemigos en internet? Ignorándolos. ¿La mejor forma de hacer amigos? Diciendo cosas buenas de ellos.

"Sólo conozco una regla: tienes que ser amable."

—*Kurt Vonnegut*

JÚNTATE CON EL TALENTO

"Los únicos cabrones en mi círculo de amigos, son personas de quienes puedo aprender."
—*Questlove*

¿Recuerdas "junta basura, saca la basura"? Sólo eres tan bueno como la gente que te rodea. En el mundo digital, esto significa seguir a las mejores personas; quienes sean más inteligentes y mejores que tú, aquellos que estén haciendo un trabajo excepcional.

NECESITARÁS:

- ☐ CURIOSIDAD

- ☐ AMABILIDAD

- ☐ ENERGÍA

- ☐ LA DISPOSICIÓN
  DE VERTE RIDÍCULO

Pon atención en las cosas de las que hablan, lo que hacen, los *links* que les interesan.

Harold Ramis, actor y director –conocido por la mayoría de las personas de mi generación por su papel de Egon, en *Cazafantasmas*– alguna vez sentenció: "Encuentra a la persona más talentosa del lugar y, si no eres tú, ve y párate junto a ella. Pasa tiempo con esa persona. Trata de brindar tu ayuda." Ramis tuvo suerte, la persona más talentosa del lugar era su amigo Bill Murray.

Si alguna vez resulta que tú eres la persona más talentosa, necesitas irte a otro lugar.

"DEJA DE BUSCAR PELEAS Y PONTE A HACER ALGO"

Vas a encontrar muchas cosas que te parezcan estúpidas, y sentirás la necesidad de arreglarlas.

Una noche, mientras estaba en mi laptop, mi esposa me gritó: "¡Deja de buscar peleas en *Twitter* y ve a hacer algo!" Y tenía razón. Pero el enojo es uno de mis recursos creativos favorito. Henry Rollins ha dicho que es enojón y curioso, y eso es lo que le permite seguir en movimiento constante.

Algunas mañanas, cuando no puedo levantarme, me quedo en cama y leo mis correos, y mi *timeline* de *Twitter* hasta que la sangre me empieza a hervir, así que me prendo lo suficiente para salir de la cama.

Pero, en vez de desperdiciar mi enojo en quejas o berrinches, lo canalizo hacia mi escritura y mis dibujos.

Entonces, enójate. Pero no abras la boca y ponte a trabajar.

"Quéjate de lo mal que la gente hace *software*, haciendo *software*."

—*Andre Torrez*

ESCRIBE CARTAS

Cuando era más joven, escribí muchas cartas de *fan* y tuve la suerte de recibir respuesta de algunos de mis héroes. Pero me he dado cuenta de que el problema con las cartas fanáticas es que hay demasiada presión en que el destinatario responda. La mayoría de las veces, cuando escribimos cartas a nuestros héroes, estamos buscando una bendición, algún tipo de aprobación. Pero, como dice mi amigo Hugh MacLeod: "La mejor forma de tener aprobación, es no necesitarla."

Si de verdad amas el trabajo de alguien, no necesitas una respuesta de su parte. (Mucho menos si tiene varias décadas bajo tierra...)

Así que recomiendo *fan mail* público. Internet es genial para esto. Escribe un *post* en tu blog acerca del trabajo de alguien que admiras y pon un enlace directo a su página de internet. Haz algo y dedícalo a tu héroe. Responde a una pregunta que haya hecho, resuelve algún problema que tenga, o mejora su trabajo y compártelo en la red.

Quizá tu héroe vea tu trabajo, quizá no. Quizá te responda, quizá no. Lo importante es que muestres tu aprecio sin esperar nada a cambio, y encuentres nueva inspiración.

LO ÚNICO QUE NECESITA VALIDARSE, ES UN BOLETO DE ESTACIONAMIENTO

"Arte moderno = 'Yo podría hacer eso.' + 'Sí pero no lo hiciste.'"

—Craig Damrauer

El problema del trabajo creativo: a veces, cuando la gente por fin entiende el valor de lo que haces, tú ya estás *a*) muerto de aburrición, o *b*) muerto de verdad. No puedes ir por la vida buscando que fuentes externas te validen. Una vez que tu trabajo sea público, no tienes forma de controlar la reacción de la gente.

Irónicamente, muchas veces parece que el trabajo realmente bueno no conlleva mayor esfuerzo. La gente dice: "¿Por qué no se me ocurrió hacer eso?" No se dan cuenta de los años de esfuerzo y trabajo duro que se llevó una obra.

Nadie va a entenderlo nunca. La gente te va a malinterpretar; a ti y a tu trabajo. Hasta te dirá cosas insultantes. Así que ponte cómodo y acostúmbrate a ser malentendido, menospreciado, hasta ignorado. El truco es estar demasiado ocupado trabajando para que eso no te importe.

CONSERVA UN ARCHIVO DE ELOGIOS

La vida es un negocio solitario, a menudo lleno de desaliento y rechazo. Sí, lo único que necesita validarse es un boleto de estacionamiento, pero que alguien hable bien de tu trabajo es un tremendo estímulo.

Ocasionalmente, tengo la buena suerte de que mi trabajo se cuele en las redes de internet y haga ruido una o dos semanas; recibo *mails* y *tuits* de apoyo y de admiración de gente que ha descubierto mi trabajo. Es genial, aunque me desorienta. Es un punto alto en mi día. Pero todo lo que sube tiene que bajar, y unas semanas después tengo un mal día en el que pienso que estoy perdiendo mi tiempo y es mejor renunciar a todo.

Por eso, cada correo bonito que recibo lo pongo en una carpeta especial. (Los correos horribles y desalentadores van directo a la basura.) Cuando llegan esos malos días y necesito una motivación, abro esa carpeta y leo un par de correos electrónicos. Después, regreso a trabajar. Inténtalo. En vez de tener un archivo de rechazos, conserva otro de elogios. Sólo úsalo de vez en cuando, en el momento en que necesites porras, no te pierdas en la gloria pasada.

ABURRIDO

ÚNICA

TRABAJAR)

> "Sé ordinario y metódico
> en tu vida para que
> puedas ser violento y
> original en tu trabajo."
>
> —*Gustave Flaubert*

CUÍDATE

Soy un tipo aburrido que tiene un trabajo de 9 a 5 y
vive en una zona tranquila con su esposa y su perro. Esa
imagen romántica del genio creativo viviendo en drogas y
acostándose con media escena creativa, no existe. Eso sólo
es para superhumanos y los que quieren morir jóvenes. La
verdad es que se necesita demasiada energía para ser creativo:
nunca tendrás suficiente si la desperdicias en algo más.

Es mejor asumir que vivirás mucho tiempo. (Es por eso
que Patti Smith le dice a los artistas jóvenes que vayan al
dentista.) Así que come bien. Haz ejercicio. Camina. Duerme
lo suficiente.

Neil Young cantaba: "Es mejor apagarse que desaparecer." Yo creo que es mejor apagarse lentamente y ver a tus nietos crecer.

No TE ENDEUDES

La mayoría de la gente que conozco odia hablar de dinero. Hazte un favor: aprende todo lo que necesites saber del dinero, lo más pronto posible.

Mi abuelo le decía a mi papá: "Hijo, no se trata del dinero que hagas sino del dinero que guardes." Haz un presupuesto. Vive dentro de tus posibilidades. Prepara tu lunch. Cuida los centavos. Ahorra lo más que puedas. Obtén la educación que necesitas de la forma más barata posible. El arte de ahorrar intenta decirle no a la cultura consumista. Decirle no a la comida rápida, a cafés de 40 pesos, y a esa computadora nueva cuando la que tienes funciona perfecto.

Te gustaría pensar que

Bohemia

es

un

trabajo

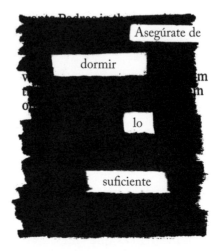

Asegúrate de

dormir

lo

suficiente

Conoce   de

dinero

Acomoda

el

tiempo

NO RENUNCIES A TU TRABAJO

La verdad es que aun si tienes suerte de vivir haciendo arte, te llevará mucho tiempo llegar a eso. Mientras tanto, no renuncies a tu trabajo.

Un trabajo te da dinero, una conexión con el mundo y una rutina. La libertad del estrés financiero también significa libertad en tu arte. Como dice el fotógrafo Bill Cunningham: "Si no ganas dinero, nadie puede decirte qué hacer."

Un trabajo te pone en el camino de otras personas. Aprende de ellas, roba de ellas. Yo he intentado trabajar para aprender cosas que me sirvan más adelante; mi trabajo en una biblioteca me enseñó cómo investigar; cuando trabajé como diseñador web, aprendí a hacer páginas de internet; y en mi trabajo como *copywriter* aprendí a vender cosas.

Lo peor de un trabajo es que te quita tiempo, pero al menos te da una rutina establecida sobre la que puedes planear tiempos regulares para tus propósitos creativos. *Establecer y mantener una rutina puede ser más importante que tener todo el tiempo del mundo.* La inercia mata a la creatividad. Tienes que mantenerte en movimiento. Cuando caes en la rutina empiezas a alucinar tu trabajo porque sabes que, por un buen tiempo, va a apestar. Por lo menos hasta que te pongas de nuevo en movimiento.

La solución es simple. Descubre qué tiempo puedes robarle a tu rutina y qué tiempo debes mantenerte en ella. Trabaja diario, sin importar nada. Sin días feriados, sin días de incapacidad. No te detengas.

Probablemente comprenderás que el corolario de la ley de Parkinson es verdad: el trabajo se hace en el tiempo disponible.

Nadie está diciendo que vaya a ser divertido. Muchas veces sentirás que llevas una doble vida. El poeta Philip Larkin dijo que lo mejor que puedes hacer es comportarte como esquizofrénico y usar cada personalidad como refugio de la otra.

El truco es encontrar un trabajo que pague y no te haga vomitar sólo de pensar en él, que te deje la suficiente energía para hacer cosas en tu tiempo libre. Los trabajos ideales no son fáciles de encontrar pero están ahí afuera.

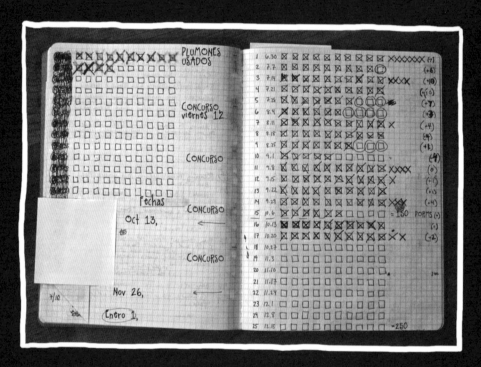

EL CALENDARIO QUE USÉ
PARA MI PRIMER LIBRO

CONSIGUE UN CALENDARIO

Amasar una cantidad considerable de trabajo o construir una carrera se trata, en gran parte, de la acumulación de esfuerzos a lo largo del tiempo. Escribir una página al día puede no parecer mucho pero, hazlo por un año y tienes 365 páginas de una novela. Cerrar un trato con un cliente puede parecer como un pequeño paso, pero cerrar doce tratos puede conseguirte un aumento.

Un calendario te ayuda a planear tu trabajo, ponerte metas específicas y mantenerte en buen camino. El comediante Jerry Seinfield tiene un calendario que le ayuda a escribir una broma al día. Él sugiere conseguir un calendario de pared que muestre todo el año.

Cada día, después de trabajar, dibuja una X gigante en el recuadro correspondiente a ese día. Tu meta cada día, en vez de trabajar, es dibujar una X. "Después de unos cuantos días, habrás dibujado una cadena", dice Seinfield. "Sólo necesitas seguir para que cada día la cadena sea más larga. Te gustará ver esa cadena, especialmente cuando ya llevas varias semanas. Después, tu único trabajo será no romper la cadena."

"Consigue un calendario. Llena los espacios.
No rompas la cadena."

ESCRIBE UNA BITÁCORA

Así como necesitas una tabla para eventos futuros, necesitas un cuadro para acontecimientos pasados. Una bitácora no necesariamente es un diario, es sólo un cuaderno pequeño en el que enlistas las cosas que haces cada día. Sobre qué proyecto trabajaste, dónde comiste, qué película viste. Es mucho más fácil que llevar un diario detallado pero te sorprenderás de lo útil que una bitácora puede resultar a lo largo de los años. Los pequeños detalles te ayudarán a recordar los sucesos importantes.

En otros tiempos, las bitácoras eran usadas por los marinos para llevar un registro de qué tan lejos habían viajado. Y eso es exactamente lo que tú debes hacer: registrar qué tan lejos ha viajado tu barco.

"Si te preguntas: '¿Qué es lo mejor que te ha pasado hoy?', de hecho provocas en tu mente una retrospección alegre que se alimenta de acontecimientos recientes que de otra forma nunca recordarías. Si te preguntas: '¿Qué pasó hoy?', es probable que recuerdes la peor cosa, porque tuviste que lidiar con eso –tuviste que correr a algún lado, o discutir con alguien– y eso será lo que recuerdes. Pero si te preguntas qué fue lo mejor, será un recuerdo agradable, una expresión poco común o algo particularmente delicioso."

—*Nicholson Baker*

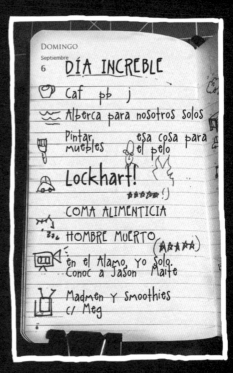

PÁGINAS DE
MI BITÁCORA

"Ella me rescató. Estaría tocando en un restaurante de buffet si no fuera por ella. Bueno, ni siquiera estaría tocando en un buffet. Estaría *lavando platos* en el buffet."

–Tom Waits, hablando de su esposa y colaboradora, Kathleen Brennan

CÁSATE BIEN

Con quién te cases será la decisión más importante que hagas en tu vida. Y por "cásate bien" no sólo me refiero a tu pareja de vida sino a quien te acompañará en los negocios, en las confidencias, en los momentos especiales. Las relaciones son difíciles pero se necesita ser un verdadero campeón –o bueno, campeona– para casarte con alguien obsesionado con perseguir la creatividad. Muchas veces te toca ser cocinero, orador motivacional, mamá, editor, niñera... y todo al mismo tiempo.

Una buena pareja te mantiene con los pies en la tierra. Alguna vez una amiga comentó que vivir con un artista seguro significaba que nuestra casa era muy inspiradora. Mi esposa bromeó: "Uy, sí. Es como vivir con Da Vinci." Es la mejor.

TAMBIÉN

CREATIVIDAD ES RESTAR

Olímpicos. Seguro podrían ser los más importantes.

se esc
respor
año u
regres
Tiene
posibi
realiza

Que
hace r
para p
del tra
tarde
tranqu
relajac

Aho
Olimp
gran e
emoci
es con
finalm
figura

Para seve-
or mover
un aparato.

CREATIVIDAD ES RESTAR.

los juegos son uno de los eventos más importantes. Recuerda que se describe como "algo

edes
nbiarlo

grandioso" Sólo se pueden se

ELIGE QUÉ DEJAR FUERA

En esta era de abundancia y sobreinformación, sobresaldrán quienes descifren qué dejar fuera para concentrarse en lo realmente importante. Nada paraliza más que la idea de posibilidades ilimitadas. La idea de hacer cualquier cosa es absolutamente aterrorizante.

La mejor forma de superar el bloqueo creativo es ponerte restricciones. Parece contradictorio pero, cuando se trata de trabajo creativo, las limitaciones significan libertad. Escribe una canción en tu hora de comida. Pinta un cuadro con un solo color.

Empieza un negocio sin capital financiero. Graba una película con tu iPhone y algunos amigos. Construye una máquina con refacciones. No pongas excusas para no trabajar; haz cosas con el tiempo, espacio y materiales que tengas ahora.

Las restricciones correctas pueden llevarte a explotar mejor tu propio trabajo. ¿Mi ejemplo favorito? Dr. Seuss escribió *El gato en el sombrero* con sólo 236 palabras diferentes, así que su editor le apostó que no podría hacerlo con sólo 50. Dr. Seuss ganó la apuesta con *Huevos verdes y jamón*. Ambos son de los libros para niños más vendidos de todos los tiempos.

"Decirte a ti mismo que tienes todo el tiempo del mundo, todo el dinero del mundo, todos los colores de la paleta, cualquier cosa que necesites, sólo mata la creatividad."

—Jack White

Hay peligros definitivos en
pensar que puedes hacer
cualquier cosa

disminuye la corriente

para que puedas

pensar

haz

con

menos

empieza

ya

El artista Saul Steinberg dijo: "A lo que respondemos en cualquier obra de arte es al conflicto del artista con sus limitaciones." A menudo, es lo que un artista decide dejar fuera lo que hace que su arte sea interesante. Lo que no se muestra *versus* lo que sí. Es lo mismo para las personas: lo que nos hace interesantes no son sólo nuestras experiencias sino aquello que aún no hemos vivido. Lo mismo es verdad cuando creas: debes adoptar tus limitantes y seguir adelante.

Al final, la creatividad no es sólo aquello que usamos, es también aquello que decidimos no usar.

Escoge sabiamente.

Y diviértete.

¿AHORA
QUÉ?

- ☐ SAL A CAMINAR
- ☐ EMPIEZA TU ARCHIVO
  DE ROBOS
- ☐ VE A LA BIBLIOTECA
- ☐ COMPRA UN CUADERNO
  Y ÚSALO
- ☐ CONSIGUE UN CALENDARIO
- ☐ EMPIEZA TU BITÁCORA
- ☐ REGALA UNA COPIA
  DE ESTE LIBRO
- ☐ EMPIEZA UN BLOG
- ☐ TOMA UNA SIESTA

LECTURAS
RECOMENDADAS
{

- LYNDA BARRY, <u>WHAT IT IS</u>
  (LO QUE ES)
- HUGH MACLEOD, <u>IGNORE EVERYBODY</u>
  (IGNORA A TODOS)
- JASON FRIED Y DAVID HEINEMEIER HANSSON,
  <u>REWORK</u> (RETRABAJA)
- LEWIS HYDE, <u>THE GIFT</u> (EL REGALO)
- JONATHAN LETHEM, <u>THE ECSTASY
  OF INFLUENCE</u> (EL ÉXTASIS DE LA
  INFLUENCIA)
- DAVID SHIELDS, <u>REALITY HUNGER</u>
  (HAMBRIENTO DE REALIDAD)
- SCOTT MCCLOUD, <u>UNDERSTANDING COMICS</u>
  (ENTENDIENDO LOS COMICS)
- ANNE LAMOTT, <u>BIRD BY BIRD</u> (AVE
  POR AVE)
- MIHALY CSIKSZENTMIHALYI, <u>FLOW</u> (FLUYE)
- ED EMBERLY, <u>MAKE A WORLD</u> (CREA
  UN MUNDO)

L.C.P.V

(LAS CONDICIONES
PUEDEN VARIAR)

}

ALGUNOS CONSEJOS PUEDEN
RESULTAR UN VICIO.
TÓMATE LA LIBERTAD DE ELEGIR
LO QUE TE SIRVE Y DEJAR
LO DEMÁS.
NO HAY REGLAS.
DIME LO QUE PIENSAS,
O PASA A SALUDAR A:
WWW.AUSTINKLEON.COM

"ESCENAS ELIMINADAS"

ESTE LIBRO EMPEZÓ EN TARJETAS DE PAPEL.
AQUÍ HAY ALGUNAS QUE NO LLEGARON AL FINAL.

SÉ LO MÁS GENEROSO QUE PUEDAS PERO LO SUFICIENTEMENTE EGOÍSTA PARA LOGRAR TU TRABAJO	**COSER VS TEJER**	*El internet: vive por él, muere por él.*
 DIBUJADO A ESCALA	ORIGINALIDAD es profundidad + amplitud de fuentes	
TODO EL ARTE ES COLABORACIÓN	HAZ COSAS PARA LA GENTE QUE QUIERES. PARA LA GENTE QUE QUIERES CONOCER.	TUS PAPÁS te inventan y de ahí, es tu turno.
RÓBATE a tí mismo _____ SUEÑOSIMEMORIA	CONTENER MULTITUDES	LOS ARTISTAS NECESITAN BOLSILLOS

EL TEST "¿Y ESO QUÉ?"	TIEMPO + ESPACIO VIAJAR	CONTEXTIZAR CITAR EN CONTEXTO

MÁS PROFUNDO	¿Y SI LO DEJAMOS IR?	**MUTACIONES** CANCIONES MALENTENDIDAS COPIAS IMPERFECTAS

LA INFLUENCIA ES ACTIVA, NO PASIVA	CONFUSO PERO NO DIFUSO	¿CÓMO QUIERES QUE SE VEA TU PÁGINA?

LEE SIEMPRE UN LIBRO ES UN LENTE PARA VER EL MUNDO	OBSERVAR IMAGINAR	Aléjate de los cerillos

HAZLO MAL	**EXTRAÑO** USA LEGO COMO INSTRUMENTO DE CONSTRUCCIÓN	FUI A TEXAS POR LA MITOLOGÍA

GRACIAS

A mi esposa, Meghan: mi primera lectora, primera en todo.

· · · · · · · · · ·

A mi agente, Ted Weinstein; mi editor, Bruce Tracy; mi diseñador editorial, Lidija Tomas; a todas las personas increíbles que trabajan en Workman. Me impresionan hasta el tuétano.

· · · · · · · · · ·

A todas las personas de quienes he robado, incluyendo –pero no limitando– a: Lynda Barry, Ed Emberly, Hugh MacLeod, John T. Unger, Jessica Hagy, Kirby Ferguson, Maureen McHugh, Richard Nash, David Shields, Jonathan Lethem, Chris Glass y los chicos de wireandwine.com, que me dejaron utilizar la imagen de su camiseta "Vine a hacer amigos".

· · · · · · · · · ·

A mis padres, Sally y Scott Kleon.

. . . .

A Amy Gash, por su buen ojo.

. . . .

A todos mis queridos amigos y familia en línea y en el mundo
real, que se encargaron de difundir mi blog y me ayudaron a
encontrar numerosas fuentes de información e inspiración.

. . . .

Finalmente, gracias al Broome Community College.
Sin su invitación para dar una plática, nunca hubiera
inventado esta idea.

. . . .

Este libro se termino de imprimir en el mes de
octubre de 2012, en Edamsa Impresiones, S.A. de C.V.
Av. Hidalgo No. 111, Col. Fracc. San Nicolás Tolentino C.P. 09850,
Del. Iztapalapa, México, D.F.